J. APPARICI DE VALPARDA

# LETTRE
# À UNE LÉGITIMISTE
SUR
# LE CARLISME

PAU
IMPRIMERIE ET LITHOGRAPHIE VERONESE
RUE PRÉFECTURE, 11

1875

# A MADAME LA MARQUISE DE ***

MADAME,

Un soir de l'hiver dernier, j'avais l'honneur de vous entretenir dans les salons de Madame de C....., au sujet de la guerre qui désole le nord de l'Espagne ; vous blâmiez très-sévèrement mes opinions, en me déclarant les vôtres que du reste on voyait écrites en marguerites sur votre splendide toilette.

Je me souviens vous avoir dit : — Madame, si vous méditiez sérieusement sans préjugés ni parti pris les causes, l'origine, les suites de cette guerre insensée, vous abjureriez la foi carliste ; vous ne pouvez imaginer combien elle est injuste, cruelle et irréfléchie, votre inconsciente profession de foi. — Vous répondîtes avec un de vos charmants sourires : Tant pis ; je comptais vous offrir un billet pour la représentation des *Poupazzi* que *nous* avons organisée au profit d'une *bonne-œuvre*, mais je renonce, crainte d'un refus.

Vous fîtes bien. Convenez, Madame, que ces *Poupazzi*, demandant à la charité les moyens d'exterminer un peuple, ont quelque chose de sinistre.

Plus tard, j'ai vu votre adorable tête penchée sur

un de ces délicats ouvrages, que vos jolis doigts tressent pour des loteries au profit toujours de votre *bonne-œuvre*, et mon cœur a frémi en pensant qu'entre les vôtres et les mains teintes de sang qui saccagent les maisons en flammes, il y a une intime relation..... Le fil de votre ouvrage !....

Que de tristes réflexions n'ai-je fait en rapprochant, de vos cruels badinages, les nouvelles du théâtre de la guerre annonçant toujours de nouveaux massacres !.... Est-il possible, me disais-je, que, si légèrement, en s'amusant, on livre un pays que l'on connaît à peine à toutes les horreurs de la guerre civile !... Pourquoi est-elle carliste? me demandais-je sans cesse....

La fleur de lys qui brille à votre cou est la seule réponse que j'aie obtenue. Voilà la clef de l'énigme et le faux départ de tous vos raisonnements. Vous avez réuni en un seul deux drapeaux qui n'ont rien de commun entr'eux. — L'un représente la gloire de la France, l'autre la haine d'un parti. — L'un garde dans ses plis le souvenir de Turenne et de Condé ; tout Français doit l'honorer. L'autre n'est qu'une loque, un lambeau du nôtre, levé par quatre prétoriens, traîné toujours dans le sang Espagnol; sa seule gloire est d'avoir guidé une armée étrangère au Trocadéro.

Si vous étiez seule à soutenir et encourager cette guerre, je me tairais attendant que la mode ou des petits Chinois quelconques attirassent votre *bienveillance*, loin de nous; mais vous ne l'êtes pas. En embrassant le parti du prétendant, vous avez entraîné une classe trop nombreuse en France, qui vous suit partout ; ce sont des anciens rôturiers, chrysalides jacobines que la bourse ou l'agiotage a métamorphosés en grotesques légitimistes et qui croient qu'une fleur de lys sur la cravate peut faire respecter un fripon ou donner de l'importance à un niais, classe que vous encouragez et parfois exploitez tout en la méprisant.

La propagande, de son côté, a gagné à la cause le parti catholique, le bourgeois craintif et même les chauvins. Ajoutez à cela les fournisseurs, prêteurs, — la spéculation enfin qui bat monnaie de tout, et voilà comment un journal du midi a pu dire dernièrement : « En France presque tous les honnêtes gens sont Carlistes. »

Quels sont les arguments de la propagande ? Examinons-les pour apprécier sa solidité.

» Je suis la légitimité » dit le carlisme à la vieille aristocratie légitimiste.

« Je suis la religion outragée qui se lève contre l'impiété de la libre pensée, » dit-il aux pèlerins de Lourdes et de La Salette.

Au bourgeois égoïste et peureux, il lui dit : « Je suis l'ordre, je combats la révolution cosmopolite, votre ennemie et la mienne. »

Au chauvin : « Mon ennemi est l'ami de la Prusse »

A l'aide de ce programme, le carlisme, champignon vénéneux de l'Espagne, où il ne trouve dans son isolement que haine ou mépris, a pu armer trois provinces jalouses de leur indépendance.

J'ai hésité longtemps avant de prendre la plume dans un pays qui n'est pas le mien et dans une langue que je balbutie à peine ; mais la témérité d'un parti qui se sent impuissant et qui persiste malgré cela dans sa criminelle voie, poussé par quelques fanatiques que la haine aveugle, et votre pertinence à le soutenir, me forcent à sortir de mon silence ; me poussent à combattre ces arguments faux et captieux, à l'aide desquels on vous a faite complice de la plus barbare, plus injuste, plus stupide des agressions.

Je ne prétends pas convertir à la raison et à la justice le parti carliste en France. Je considère mon but atteint, si j'obtiens d'arrêter une seule obole prête à tomber dans le tronc pour la cause où elle se transforme en une balle qui arrache un enfant à sa mère.

Suspendez, Madame, un moment, au nom de l'humanité, votre *saint travail* et accordez-moi quelques minutes d'attention.

Je vous demande humblement pardon de profaner votre belle langue et de vous faire pâlir en vous montrant de trop près votre bonne œuvre.

Le carlisme est-il la légitimité ?

Vous, ses partisans, vous dites mal défini, douteux, le droit de Don Carlos. En Espagne, personne n'a mis en doute un seul instant les droits d'Isabelle II. Les carlistes à la mort du roi ne se sont donné la peine de poser la question, que pour trouver un prétexte, vis-à-vis de vous, qui justifiât leur conduite.

Les carlistes ont conspiré toujours pour détrôner le roi Ferdinand en faveur de son frère Carlos. En 1825 et 1827, ils se levèrent en armes dans ce but à la Seo de Urgel même.

Pourquoi auraient-ils fait un retour à la légalité ? N'ont-ils crié : Vive Don Carlos ! alors même que la loi dérogeant l'*auto acordado* n'était pas encore promulguée ? alors que tout portait à croire que le roi mourrait sans enfants ? Mis par leur impatience en dehors de la légalité, ils y sont restés. Ils y restent.

L'armée, relativement nombreuse qui combat pour lui, ne saurait être un argument contre mon assertion que je maintiens. Qui a dit en Espagne : Don Carlos est le roi légitime ?

Personne !.. Car les trois provinces qui sont en armes ne l'ont pas dit. Cette contrée qui vit dans un régime à part et tout spécial, a cru que l'Espagne libérale menaçait ses fueros. Don Carlos se présente alors. On le conduit sous l'arbre de la liberté Basque où on lui dit : Notre roi est celui qui jurera de respecter notre petite et heureuse république. Etes-vous ce roi? Oui, a répondu Don Carlos, et les provinces de crier, non pas vive le roi légitime, mais vive l'indépendance, vive la liberté, et Don Carlos qui nous la garantit.

Si Henri IV disait que Paris valait bien une messe, les Basques peuvent dire que leur liberté, leur complète autonomie, leurs privilèges valent bien une injustice. Après tout, si j'étais Basque, peut-être je penserais comme eux, seulement je ne dirais pas que je défends le droit et la justice, mais que j'associe mes intérêts à d'autres qui me sont absolument étrangers; c'est ce qu'ils font et ce que je tenais à établir.

En Espagne, personne n'a admis les droits prétendus de Don Carlos. Qui les a proclamés en Europe? Le corps diplomatique tout entier assista et adhéra par conséquence, à la proclamation d'Isabelle comme princesse des Asturies. Plus tard, il est vrai, quelques gouvernements hésitèrent à la reconnaître comme reine, mais cela ne regardait nullement la question de droit Ils combattaient, non la reine légitime, mais la reine constitutionnelle.

Si un doute pouvait exister, la reconnaissance quoique tardive et la victoire de la nation sur les carlistes, devraient à jamais l'écarter. A propos de ceci, permettez-moi de faire une simple réflexion.

Du moment qu'on assimile un peuple à un troupeau de moutons dont la propriété peut être contestée, il faudrait établir une sorte de prescription qui annulât toute prétention au bout d'un certain temps. Autrement l'Espagne, par exemple, vivrait toujours exposéé à voir surgir les héritiers — s'il y en a — de la fille d'Henri IV, dépossédée par sa tante Isabelle 1re, aidée par le peuple Castillan qui présageait la grande Reine, ou ceux de l'Archiduc vaincu par Philippe V, avec le concours de la nation, dont la volonté et l'amour lui tinrent lieu de droit.

Si la volonté d'une nation ne compte pour rien, si la sanction donnée à son choix par les souverains, tous, le chef de l'église en tête, n'établit pas un droit, au moins qu'au bout d'un certain temps de possession, on puisse être à l'abri des contestations.

Entrant maintenant au fond de la question, je vous dirai, Madame, que je suis étonné des subtilités, des sophismes qu'on a dû employer pour établir, quoi? que les droits de Don Carlos sont douteux, comme si en pareille matière il pouvait exister l'ombre d'un doute.

Nous sommes en présence de deux actes : *l'Auto acordado* de Philippe V qui change la loi de succession au trône, et la loi de Charles IV qui rétablit l'ancienne de la monarchie Castillanne. On attaque la validité de l'un en faveur de l'autre; on cherche des vices de forme quand tous les deux ont un même vice de fond.

Si nous reconnaissons au roi la faculté de dicter des lois, les deux sont légales. Si nous exigeons le concours de la nation, les deux sont illégales, car les Cortès, depuis Charles-Quint, n'ont été qu'un instrument docile dans les mains de la tyrannie.

D'abord quelle est la valeur de l'*Auto acordado?* Nous allons le voir, rappelant comment il fut respecté par son auteur même.

Au dire de vos écrivains, Philippe V, montant sur le trône, ne trouva pas une loi qui précisait la forme de succession, et cette lacune, dont personne ne s'était aperçu pendant des siècles, fut remplie par lui avec le concours de la nation. Désormais, toute équivoque disparaît, Philippe V prévient toute contestation et assure la pacifique succession au trône qui plus ou moins avait coûté du sang presque toujours. — Soit. — Personne n'est censé ignorer la loi et personne ne lui désobéira..... sauf le législateur même.

Le roi avait abdiqué en faveur de son fils Louis qui régna quelques mois à peine. hilippe convoite de nouveau un trône qui appartient à son second fils Ferdinand, mais il trouve sa propre loi qui lui défend l'usurpation et sa conscience qui lui rappelle la renonciation formelle qu'il a faite.

Que fait-il ? Il convoque le Conseil d'Etat et lui demande : « Puis-je prendre ce qui ne m'appartient plus? » Le Conseil répond : « Dieu veut évidemment que V. M. règne et il y aurait impiété à ne pas écouter sa voix. »

La conscience du Roi qui savait à quoi s'en tenir sur l'indépendance de son Conseil d'Etat, eût besoin d'autres encouragements, et alors il s'adressa à quelques théologiens qu'il consulta sur la validité de sa renonciation, à et qui il fit poser cette question, savoir: s'il y aurait violation des droits de l'Infant Don Ferdinand en proclamant Philippe V Roi d'Espagne. La pieuse assemblée fut unanime à déclarer que : Sa Majesté commettrait un *péché mortel* (sic), si elle ne reprenait pas les rênes de l'Etat avec le caractère absolu de Roi. Tartuffe avait raison quand il disait qu'il y avait des accommodements avec le ciel.

Nous voyons par là qu'un roi qui a une dizaine de théologiens à ses gages, peut bien se passer de la volonté d'un peuple, si tant est que le peuple se fut mêlé de la confection de l'*Auto acordado*, et en outre quel respect imposait aux âges futurs une loi méconnue par le même législateur qui l'avait dictée.

La *Pragmatique Sanction* de Ferdinand VII est sans nul doute le plus légal des actes en question, car en promulguant la loi dictée par Charles IV qui annulait la loi exotique établie par l'*auto acordado* elle rétablissait la primitive, la seule traditionnelle et à laquelle l'Espagne doit les plus belles pages de son histoire, loi claire, précise, que, si parfois a été méconnue, c'est parce qu'elle a été toujours soumise à une autre infiniment supérieure et que le despotisme a dû reconnaître même quand il l'éludait. Cette loi est la volonté nationale, et elle se trouve toute dans la formule : *Rex eris si recte facias, si non facias, non eris*, avec laquelle l'Espagne a toujours proclamé ses rois.

Aujourd'hui la volonté nationale s'est manifestée, et elle se trouve d'accord avec le droit historique et légal.

L'Europe a reconnu Alphonse XII comme roi d'Espagne, le Saint-Père a béni son filleul. Que manque-t-il à son droit ? Anéantir l'insurrection fratricide d'une égoïste contrée qui combat non plus pour Don Carlos, mais pour obtenir, à la faveur d'un *convenio*, la confirmation de ses privilèges menacés par l'opinion du pays justement indigné.

L'insurrection est locale, et elle ne dépassera jamais les montagnes au pied desquelles la volonté d'un peuple, la justice, la main de Dieu a rebâti les colonnes d'Hercule avec son ancien DEVISE : *nec plus ultra*.

C'est cela que je vous prouverai dans le cours de ma lettre, afin de vous dire, non que vous faites le mal injustement, mais que vous le faites gratuitement ; que c'est du sang répandu en pure perte, car, étant même donné le triomphe du carlisme, cela n'avancerait pas davantage vos affaires que l'intervention de 1823 ne le fit alors. M. de Chateaubriand, l'âme de l'intervention, vous le prouve dans son ouvrage *le Congrès de*

*Vérône*. « La victoire du Dauphin », dit-il, « aveugla la légitimité, elle avait détruit la liberté en Espagne, elle crût qu'elle pouvait abolir la charte. Les Bourbons furent détrônés. Après l'action, la réaction, c'est la loi..... »

Mais avant de prendre la question par le côté pratique, avant de vous faire l'esquisse du passé et le tableau du présent carliste, permettez-moi d'examiner les arguments de la propagande.

Le carlisme, est-il la religion?...

Il fut un temps où d'horribles convulsions politiques firent naître en Espagne une déplorable confusion d'idées; l'exaltation des esprits empêchait tout jugement sur les évènements qui se succédaient.

La suppression du Tribunal de l'Inquisition, la réforme des ordres religieux dont le développement qui menaçait d'absorber le pays, avait depuis longtemps préoccupé les gouvernements absolus, firent naître une naturelle perturbation. [1]

Les intérêts séculaires, auxquels on touchait, furent confondus par les intéressés lésés avec ceux de la religion. Le peuple, qui vivait des restes des couvents, n'eut de difficulté à s'associer à cette façon de penser, et sur la foi des moines, déclara hérétique et relaps celui qui le privait de la soupe conventuelle,

1) L'initiative de la réforme n'appartient pas aux Cortès de 1810. Depuis plus d'un demi siècle, la Cour de Rome, les hautes dignités écclésiastiques la demandaient. Cisneros avait, longtemps avant, obtenu du Saint-Siège des bulles qui l'autorisaient à la réforme et au besoin à l'extinction de l'ordre des Franciscains. Pie V, sur les instances de Philippe II, avait nommé une commission chargée d'étudier un projet de réforme des ordres religieux. Charles III, en supprimant les Jésuites, en confisquant leurs biens, avait initié d'une manière pratique la réforme.

confondant ainsi l'aliment du corps avec celui de l'âme.

Voilà pourquoi et comment la parole « religion » fût le mot de ralliement d'un parti. Le temps a eu raison de cette absurde confusion, et l'Espagne catholique vit tranquille sans ses trois cent mille moines et sans crainte que la foudre du ciel tombe sur les immeubles que la main-morte a dû livrer à la richesse publique. Vous, Madame, en faites autant; vous avez maintenu la vente des biens nationaux et avez conservé Avignon que rien ne vous empêchait en 1815 de rendre à son souverain, et votre conscience vous laisse tranquille.

La question religieuse en Espagne, à laquelle le carlisme est tout à fait étranger, se réduit à un projet de constitution qui admet la liberté des cultes, et la prétention du Saint-Siège qui veut, appuyé par les ultra-catholiques, le maintien du concordat de 1851, c'est-à-dire, l'unité religieuse et les registres civils dans les églises.

Cette question que les Cortès prochains résoudront, ne présente pas, comme vous le voyez, la gravité qu'on lui attribue. En effet, si le concordat devait être révisé, en quoi mériterions-nous les foudres de l'église?

L'Autriche n'a-t-elle pas révisé son concordat? La France, fille aînée de l'église, ne paie-t-elle pas et ne soutient-elle pas trois cultes, en tolérant les autres? Rome même ne tolérait-elle pas dans son enceinte d'autres cultes?

Pourquoi serions-nous seuls au monde à ne pas tolérer ce que l'orthodoxe Russie même tolère et avec une latitude qui prouve que la foi n'a pas besoin de frontière qui la protège?

La révocation de l'Edit de Nantes jeta-t-elle un plus grand éclat sur la religion? y gagna-t-elle, celle-ci, autant que la France y perdit? Une nouvelle Saint-Barthélemy vous aurait donné plus que vous ne venez d'obtenir en pleine république? Vous avez voué la France au Sacré-Cœur, vous avez presque le monopole de l'enseignement, vous sillonnez le pays de pélerinages politico-religieux.... Que voulez-vous de plus?.... Les célèbres dragons de Louis Le Grand ne sauraient faire les miracles que vous faites.

L'Espagne sait, quoique un parti l'oublie, qu'elle fut grande et prospère alors que plusieurs communions se groupaient autour de son drapeau. Torquemada brûlant les juifs et avec eux l'industrie et le commerce, Philippe III chassant les mauresques et avec eux l'agriculture firent l'unité religieuse, mais ruinèrent la nation.

En quoi la tolérance des cultes menace-t-elle la religion? N'a-t-on pas vu pendant la période révolutionnaire s'ouvrir en Espagne des temples et se fermer presqu'aussitôt faute d'assistants? Et cependant de l'argent était offert aux nécessiteux pour les y engager.

Les bibles, journaux, brochures, distribués à profusion, étaient autre chose que des poignées de sable jetées à la mer? Jamais la religion n'a brillé d'un plus vif éclat qu'alors qu'elle se voyait menacée.

La question religieuse. grave, si vous voulez, ne regarde nullement le carlisme, vous ai-je dit; l'appui que le Saint-Siège trouve en Espagne et la reconnaissance par lui d'Alphonse XII, en sont la preuve: le Saint-Père ne reconnaîtrait pas le roi s'il n'était pas avec les siens et ne combattrait pas la politique de son gouvernement si ses amis n'étaient pas nombreux. — Vous voyez bien que tout cela se fait en dehors du carlisme.

Non! l'Espagne est catholique, apostolique et

romaine, et elle n'est pas carliste. Et savez-vous pourquoi? parce que là, comme ici, comme partout, il ne suffit pas de se dire envoyé de Dieu pour se faire ouvrir une maison chrétienne qu'on veut dévaliser.

Je combats la révolution cosmopolite déchaînée contre moi, a dit le prétendant.

Où prend-il la révolution? A Carthagène? alors c'est lui qui est la révolution. Les passions politiques qui déchirent l'Espagne depuis 60 ans, ne reconnaissent d'autre source que les excès réactionnaires du carlisme. En s'opposant à la réforme initiée en 1810, il provoque les exagérations des EXALTÉS; en essayant de replonger la liberté dans les cachots de l'inquisition, il a ouvert la digue aux passions politiques, que dis-je? les a fait naître.

En 1810, l'Espagne ne brisa pas, laissa tomber, par ordre de son roi, la chaîne rouillée qu'elle portait à son cou depuis Charles-Quint. Le carlisme essaya de la river de nouveau, et alors l'Espagne la brisa en mille morceaux. Les efforts qu'elle a dû faire pour la briser, ont imprimé des secousses terribles au pays, secousses qui ont menacé de faire écrouler l'édifice.... A qui la faute? au provocateur, au carlisme. Il est donc le seul responsable, la seule cause de l'effet qu'il prétend combattre aujourd'hui.

Trois siècles d'absolutisme théocratique avaient épuisé l'Espagne. Bonaparte, en jetant les yeux sur elle, la trouva esclave d'un favori tout puissant, aussi nul que vaniteux. Autour de lui grouillait un peuple abruti, demandant au cirque des émotions et aux couvents les restes des réfectoires. *Panem et circenses*... Pauvre, fanatique, ignorant, réchauffant ses membres engourdis autour du bûcher inquisitorial presqu'éteint.

La conquête semblait facile, et elle fut décrêtée. Au canon français tonnant à Somosierra répondit un cri unanime d'indépendance et liberté. Le tocsin d'alarme de la patrie en détresse, en éveillant les vainqueurs de Clavijo, avait réveillé les vaincus de Villalar. Les libertés de Castille anéanties par Charles-Quint, celles de l'Aragon enfouies dans les tombeaux du martyr Lanuza, le dernier *justicia*, s'élévèrent puissantes, terribles, et elles, elles seules, emportèrent la victoire, car elles seules pouvaient inspirer l'héroïsme sublime qui porte un peuple des ténèbres du cachot au sommet brillant de la gloire.

La nation était dans les mains d'un roi; le roi dans les mains de son ennemi. Qui pouvait la sauver? Elle seule. C'est ce qu'elle fit.

Elle n'usurpa point la souveraineté au monarque; elle la ramassa par terre; elle la trouva enfouie aussi avec ses droits méconnus pendant trois siècles. Elle fut souveraine, elle savait que la maxime *de minoribus rebus principes consultant de majoribus omnes*, était la base de la monarchie Gothe Cependant, en reprenant les droits depuis si longtemps méconnus, elle ne fit acte de rébellion; elle obéit simplement à un ordre de son roi.

En effet, Ferdinand VII, par l'organe de la régence, avait convoqué les Cortès, déclarant que sa première mission serait celle de former une constitution digne de la nation Espagnole et capable d'élever un grand peuple à la dignité d'un état constitué sur les bases de la liberté (1).

Le roi fut obéi et la constitution de 1812 fut faite.

La nation, en masse, l'acclama et ceux qui furent ses

(1) Décret de convocation des Cortès en 1810.

ennemis plus tard, la comparèrent en chaire à la loi reçue par Moïse au Mont Sinaï (1).

Le roi écrivit que son approbation ne ferait pas défaut à l'œuvre des Cortès *comme étant conforme à ses vues royales*.

La Prusse reconnut « la régence du royaume qui pendant son absence (celle du roi) et sa captivité le représentait en vertu de son élection *légitime* par les Cortès générales et extraordinaires et la constitution sanctionnée par ces dernières et jurée par la nation » (2).

La Russie reconnut « pour légitimes les Cortès générales et extraordinaires réunies actuellement à Cadix, ainsi que la constitution qu'elles ont décrêtée et santionnée » (3)

Voilà la révolution qui en 1812 fit l'Espagne, le roi en tête et au cri de : vive le Roi !

Le schisme carliste ne se déclara pas au moment du vote de la constitution ; il éclata (dans l'ombre) le jour que l'inquisition fut abolie, la réduction des ordres monastiques décrêtée, ses biens menacés. Alors une croisade se leva contre elle. Une presse soi-disant catholique qui dépassa celle de Hébert de la Terreur par la violence sauvage et la forme grossière ; et des prédications où du haut de la chaire on sanctifiait les massacres, exaltèrent le fanatisme de la populace. La constitution est l'œuvre des *afrancesados* « amis

(1) Le moine Martinez à la cathédrale de Valladolid. Autre mone de l'ordre de Saint Jérôme prêchant à l'église des *Infantes de la Manche* qualifia la constitution de *Code-Saint*. Le premier fut nommé par la suite prédicateur du Roi et conseiller de l'Inquisition rétablie ; le second rédiges le *Vigia de la Mancha*, journal qui dépasse toute imagination par sa sauvage cruauté.

(2) Traité de Bâle, 1814.

(3) Traité de Waleski Louki, 1812.

de la France », disait-on au peuple ; elle est une insulte à notre religion et à notre roi bien aimé.

Si ce peuple avait su lire et avait lu, comme vous pouvez le faire, les comptes rendus des séances des Cortès et cette constitution même que les rois et les puissances du nord approuvaient, il aurait démenti ses assertions calomnieuses. Il ne savait pas lire et il les crût. Sa haine pour la France, son fanatisme religieux et l'amour pour son roi firent le reste.

Le roi, en entrant dans ses Etats, ne vit que l'enthousiasme des masses et fit bon accueil aux insinuations perfides, aux conseils des ennemis de la constitution : Elio qui commandait la garnison de Valence, se *prononça* en faveur de l'absolutisme, premier exemple de prétorianisme si fatal en Espagne.

Le pays eut un frémissement d'horreur voyant une populace brutale et fanatisée instrument docile d'une minorité implacable.

— Que pensez-vous — demandait l'Empereur de Russie à notre ambassadeur devant tout le corps diplomatique de l'Europe — de la conduite du roi, votre maître, à l'égard de l'Espagne, qui détruit la constitution d'une manière si violente ? — Sire, — répondit l'ambassadeur — il ne m'appartient de juger et moins encore de censurer la conduite de mon roi. — Eh bien ! Monsieur, — répliqua vivement l'empereur, — moi, je vous dirai que c'est abominable et que l'ingratitude des rois pour les peuples est le plus affreux des spectacles et celui dont l'exemple est le plus funeste.

Je vous ai dit ce que fut la révolution Espagnole. Nous allons voir la contre-révolution. Tout ce que je pourrais vous dire semblerait pâle à côté de la page que je veux détacher d'un livre dont l'auteur ne vous sera pas suspect, M. de Martignac, commissaire royal

**auprès du duc d'Angoulême, lorsqu'en 1823 ce prince vînt en Espagne aider l'ennemi de la liberté â rétablir l'absolutisme.**

Voilà ce qu'il dit à la page 148 de son livre *l'Espagne et ses révolutions* (édition de 1830) :

« Le décret du 4 mai (1) contenait des engagements.

« Jamais déclaration ne fut plus formelle, plus explicite ; jamais promesse ne fut conçue en termes plus positifs. Jamais nation ne reçut de son prince un engagement plus authentique, dans des circonstances plus graves, plus solennelles.

« Qu'est devenu cet engagement? Qu'a-t-il été fait pour le remplir? Quelles sont les lois qui ont été publiées? Quelles garanties ont été données à la liberté, à la sûreté individuelle? Où sont les franchises accordées à la presse? De quelle nature sont les mesures prises pour mettre la fortune publique non-seulement à l'abri de l'infidélité, mais même à l'abri du soupçon? Quand les Cortès ont-elles été convoquées pour délibérer sur tous ces actes, et pour convenir avec le monarque à donner à l'Espagne un gouvernement établi et une législation régulière?

« Rien de tout cela n'a été fait, rien n'a été tenté ; tout ce qui existait six ans auparavant a été rétabli avec les abus constatés par l'expérience, avec les vices reconnus, avec les dangers proclamés, et rétabli non provisoirement pour éviter une interruption fâcheuse, mais définitivement, absolument, comme chose stable à toujours, comme institution, comme élément de la constitution de l'Etat.

« Parmi les réformes introduites par le gouvernement de Joseph et après lui par celui des Cortès, il en était qu'un gouvernement habile devait se trouver heureux de trouver existentes, et devait maintenir ou modifier avec mesure et circonspection ; c'était la plus heureuse occasion de détruire d'anciens abus difficiles à arracher.

« Le roi ne songea pas à profiter de cet avantage : il ne considéra pas la nature des actes, mais leur origine ; le bien et le mal, tout fut compris dans une prescription générale.

« Jamais il ne s'était présenté un moment aussi favorable pour limiter et régulariser ces possessions exagérées tombés en main-morte, au grand préjudice de la propriété commune.

« Tous les couvents se repeuplérent d'anciens et de nouveaux

(1) Celui qui détruisait la constitution.

moines ; tous leurs biens leur furent rendus sans réserve. Ils promirent, à la vérité, d'aider le gouvernement par quelques subsides ; mais aucune garantie ne fut exigée pour l'accomplissement de cette promesse, qui ne tarda pas à être oubliée ou méconnue. Aucune mesure restrictive ne fut prise pour l'avenir. On ne se borna pas là. On augmenta au lieu de réduire. Les jésuites avaient été bannis sous Charles III, et l'on sait quels efforts il lui avait fallu pour accomplir cette œuvre de sa prudence et de sa politique ; Ferdinand VII, de retour de Valence, leur ouvrit les portes de l'Espagne, et favorisa de tout son pouvoir leur rétablissement.

« Après six ans de divisions intestines, nées de la nécessité où s'était trouvé un grand peuple de se défendre et de se gouverner lui-même, après la miraculeuse restauration d'un trône abandonné, les premiers mots du souverain en entrant dans son palais devaient être *oubli et amnistie*.

« Ferdinand parla aussi d'amnistie, mais ce nom, comparé avec l'acte auquel il était appliqué, dût lui donner aux yeux de tous l'apparence de la dérision.

« Dix mille Espagnols avaient eu le malheur de s'attacher au parti Français, et avaient, lors de sa retraite, suivi l'armée française. Ils furent bannis et leurs biens séquestrés, c'est-à-dire qu'on les condamna à périr de faim sur une terre étrangère.

« Les membres de la régence, ceux des Cortès, tous les ministres qui avaient coopéré à la rédaction de la constitution ou qui s'étaient montrés les zélés partisans, furent traduits devant des commissions pour y être jugés sans aucune forme légale.

« Le nombre des condamnations fut considérable ; les présides (bagnes), la détention dans les citadelles, l'exil, telles étaient les peines prononcées, et le roi, dont le cœur était fermé à la pitié par le langage de ceux dont il était entouré, oubliait que le droit de grâce était le plus bel attribut de la couronne.

« Si encore cette vigueur impolitique et cruelle eût été courte et passagère comme une transition ; si elle avait pu s'expliquer par l'effervescence d'un moment de triomphe, le besoin présumé de frapper vivement les esprits par quelques exemples, on pourrait la considérer comme un de ces accidents inévitables des grandes secousses ; mais le principal caractère de ces actes fut la *lenteur* et la *froide persévérance* avec laquelle ils furent consommés. Le roi était déjà rentré depuis deux ans dans la plénitude de sa puissance, et les cachots étaient encore encombrés, et *de longues listes de proscription apparaissaient encore par intervalles, comme pour entretenir et réveiller la terreur dans les familles.*

« La terreur régnait à Madrid et dans les principales villes du royaume, et la presse, violente et passionnée, invoquait, sous la protection de l'autorité royale, le despotisme et ses fureurs, et demandait chaque jour de nouvelles victimes.

« A l'aspect de tant de fautes commises, de tant d'actes où l'*impudence le dispute à la cruauté* on se demande à quel fatal génie le sort de l'Espagne était livré, et on recherche les noms de ceux qui poussèrent leurs maîtres dans une si périlleuse voie. Mais les ministres de *ces temps de colère et d'aveuglement* succombaient, un peu plus tôt, un peu plus tard, à une influence plus puissante que leur autorité, et leur chute signalait assez l'existence d'un autre conseil, où l'on disposait des destinées les plus élevées.

« Le foyer de l'intrigue où se machinaient tous les coups d'Etat, où se fabriquaient les listes de proscription, où se faisaient et défaisaient les ministres, *avaient son siége au palais du roi, dans sa chambre à coucher, dans ses antichambres*. Le conseil se composait de *quelques prêtres intrigants et de quelques valets obscurs*, qui formaient cette *camarilla* fameuse, dont l'existence, vainement décriée, n'est que trop attestée par les maux qu'elle a faits.

« La déplorable association que le roi avait laissée se former à ces côtés était parvenue à lui inspirer de constantes alarmes sur sa sûreté personnelle, en lui montrant partout et toujours des ennemis secrets conjurés contre lui, et avait ainsi usurpé sur ses volontés un ascendant dont il n'avait plus la force de réprimer l'abus.

« On conçoit l'influence que devait avoir ce régime sur la prospérité intérieure du pays, et il est toutefois difficile de se figurer l'état de désordre, de malaise et d'impuissance ou il était tombé.

« Le système de finances créé par la révolution, *et le seul praticable*, avait été abandonné, et le ministre Garay avait payé de sa destitution le rétablissement qu'il en avait tenté. Le clergé jouissait de ses biens vendus, et ne tenait aucun compte des promesses sur la foi desquelles la restitution avait été assurée.

« Il fallait recourir à des taxes arbitraires, à des droits de douane exorbitants qui achevaient de détruire le commerce, enfin à des emprunts qui étaient opérés sans crédit, sans amortissements, sans aucune des conditions qui les rendaient supportables.

« On ne pouvait pourvoir aux premiers besoins de l'Etat, tous les services étaient négligés ou abandonnés.

« L'armée n'était pas payée ; la marine, anéantie depuis la terrible bataille de Trafalgar, ne pouvait plus se relever de ses ruines.

« L'administration, privée de tous ses moyens d'action, ne faisait rien, ne pouvait rien faire pour l'amélioration intérieure du pays, ni même pour l'entretien de ce qui existait déjà.

» *De là naissait le mécontentement des peuples.*

Voià la première réaction et ses fruits.

Le *mécontentement du peuple* se manifesta, et le Roi alors déclara que « les besoins de l'armée, le désordre des finances, les abus introduits dans l'administration qui surchargeaient le peuple d'impôts, les lenteurs de la justice, la décadence de l'agriculture, les entraves du commerce et de l'industrie, *avaient* enfin fixé son attention. »

La Constitution fut rétablie.

« Le nouvel ordre des choses, dit M. de Martignac, fut reçu avec enthousiasme par les grandes villes ; le commerce, l'industrie, les professions libérales, l'armée et les prolétaires........ le clergé et les moines virent ce changement avec douleur ; le paysan avec inquiétude ». (*L'Espagne et ses révolutions,* page 213.)

Tandis que le Roi jurait la Constitution, le parti vaincu courait aux montagnes défendre ses *intérêts sacrés*.

L'armée constitutionnelle entendit dire à l'infant Don Carlos, alors son généralissime :

« Soldats,

« En prêtant devant vos drapeaux le serment à la constitution de la monarchie, vous avez contracté des devoirs immenses ; une brillante carrière de gloire s'ouvre devant vous ; aimer et défendre la patrie, soutenir le trône et la personne du Roi, respecter les lois et vous unir au peuple pour consolider le système constitutionnel, tels sont *vos devoirs sacrés*. Voilà ce que le Roi attend de vous et ce dont je promets de vous donner l'exemple.

« Votre compagnon d'armes, CARLOS. » (1)

(1) Gazette extraordinaire de Madrid, 12 mars 1815.

Don Carlos est plus explicite dans sa lettre au roi.

« Sire,

« J'ai l'honneur de remettre à V. M. l'adresse ci-jointe de la brigade des carabiniers dont le commandement est une des faveurs que je dois à V. M.

Partageant hautement les sentiments qui y sont exprimés, j'unis mes vœux à ceux de la brigade, félicitant V. M. avec le plus *vif enthousiasme* sur votre magnanime résolution de rétablir le sanctuaire des lois fondamentales qui forment la sage constitution de la monarchie espagnole publiée à Cadix le 19 mars 1812.

La brigade saura soutenir avec constance le vœu qu'elle a l'honneur d'adresser à V. M.

CARLOS. (1)

Voilà la monarchie constitutionnelle que nous défendons contre le successeur de Don Carlos. Voilà la Révolution ni plus ni moins. Ou Don Carlos 1er cachait ses sentiments en écrivant à son frère, simulation que le caractère privé de la lettre rend improbable, ou Don Carlos II s'abuse par un oubli déplorable aujourd'hui.

*O mentisti allora o menti adesso.*

Ferdinand VII reconnut en 1814, tout en faisant le coup d'Etat, les besoins d'une Charte, comme Louis XVIII et même comme l'empereur de Russie qui conseillait ce dernier de l'octroyer : plus tard il la donna, un peu par force, il est vrai ; Don Carlos la juge comme nous venons de le voir. Quelle est donc

(1) Gazette extraordinaire de Madrid, 12 mars 1815. Les soldats qui prirent au sérieux ces déclarations solennelles et défendirent la Constitution, furent pendus ou poursuivis comme des malfaiteurs.

la constitution que son successeur combat aujourd'hui?

Il y a plus, et ceci marque l'inconséquence de votre parti, ou pour mieux dire le manque de logique. Tandis que le cabinet des Tuileries conseillait au roi Ferdinand d'accepter franchement la position de roi constitutionnel et ordonnait à son ambassadeur de ne point intervenir dans les affaires d'Espagne, les factions absolutistes soulevées et vaincues passaient la frontière et venaient se réorganiser derrière le corps d'observation français..... ce qui prouve non la double politique du gouvernement de M. de Polignac, mais la toute puissance du parti en faveur duquel combattaient ces factions, toute puissance devant laquelle la royauté, Rome même a dû plier plus d'une fois.

. . . . . . . . . . . . . . . . . . . . .

La France intervint, et guidée par un moine de la Trappe, alla au Trocadéro. . . . . . . . . . .

Le seul profit que tira la France de l'intervention au point de vue des principes et au point de vue de ses intérêts, fut de précipiter comme nous l'avons dit la chute des Bourbons, s'aliéner l'Espagne libérale et s'attirer l'ingratitude et la haine des absolutistes qui l'accusèrent de *libéralisme.* (1)

Les auteurs et instigateurs de cette monstrueuse et gratuite agression eurent honte, frémirent d'horreur en voyant à l'œuvre le gouvernement qu'ils avaient aidé à fonder.

« Menacez de retirer nos troupes, » écrivait le gouvernement français, « si le gouvernement Espagnol veut se livrer à un esprit de vengeance et de folie ; nous ne souffrirons pas que les proscripteurs déshonorent nos

(1) La noble conduite du duc d'Angoulême, son esprit conciliateur, sa répugnance pour les actes barbares de la réaction, suscitèrent contre lui la réprobation des purs. Le général Molitor saisit à Madrid 10,000 proclamations où le libéralisme français était dénoncé au patriotisme des royalistes. Charles X un démagogue !....

victoires, que les bûchers de l'inquisition soient des autels élevés à nos triomphes. Il nous importe de n'avoir point l'air des complices de la stupidité et du fanatisme. (1)

Un décret du roi, « frappait dans Madrid seul, 600 personnes appartenant aux familles les plus distinguées. » Le gouvernement était « un établissement sanguinaire, avide, fanatique, un absurde despotisme et l'anarchie complète dans l'administration. » (2)

Voilà le parti carliste jugé par ses alliés de 1823.

Je ne m'arrêterai pas à faire le tableau de l'Espagne pendant les dix ans qui suivirent le rétablissement de l'absolutisme, à vous décrire la terreur blanche que l'armée française laissa derrière elle, et qui pendant ces dix ans tint plongé le pays dans le deuil et la consternation. Si je rappelle à vos souvenirs ces pages tristes, c'est seulement pour vous montrer sous son vrai jour le parti carliste. Nous l'avons vu approuvant la constitution, conspirant contre elle, la terrassant, obligeant le roi à se parjurer et à manquer à sa parole cent fois, déshonorant la majesté royale en imposant au monarque de condamner par décrèt, des hommes illustres qu'aucun tribunal n'osait condamner, (3) appelant à l'insurrection armée quand le roi se rendit au vœu et aux besoins de la nation, se moquant de la neutralité de la France, attirant celle-ci dans ses vues,

(1) Lettre de M. de Chateaubriand à M. de Talaru, du 17 octobre 1823.

(2) Lettre de M. de Chateaubriand à M. de Talaru, du 15 octobre.

(3) En 1814, le roi prononça par décret la peine de travaux forcés contre le comte de Toréno, Canga Argüelles, chanoine Münoz Torero, Martinez de la Rosa, et autres..... L'innocence de ces hommes illustres était si éclatante que le parti servile ne trouve pas parmi les siens assez de cinisme pour motiver la sentence qu'on voulait faire retomber sur eux. Le roi fut contraint à le faire arbitrairement; il donna des *lettres de cachet pour le bagne*. C'est le premier exemple !....

obligeant le duc d'Angoulême à rétracter ses ordonnances d'Andujar, méconnaissant les engagements pris par ce prince en livrant au bourreau des prisonniers de guerre à qui une capitulation garantissait la vie. En le suivant encore, nous le voyons se lever en armes contre le roi — accusé à son tour de libéralisme — en faveur de l'infant Don Carlos, lequel oubliant son adhésion à la Constitution s'était montré tout prêt à seconder les vœux du parti apostolique et à brûler *ad majorem Dei gloriam* la moitié de ce qui restait de la monarchie espagnole. C'est à dater de lors (1825) que le parti prit sa dénomination définitive de carliste. (1)

Où est-il je vous demande, dans tout celà le principe de Dieu, Patrie et Roi !

Je ne vous rappellerai non plus, les événements qui précédèrent la mort du Roi, ni la guerre civile qui dura sept ans et finit par le triomphe des droits d'Isabelle II. Le carlisme vaincu resta muet jusqu'en 1860, époque à laquelle, profitant de la guerre que l'Espagne soutenait au Maroc, il essaya un coup de main. Le général qui commandait la garnison des Baléares débarqua avec elle à San Carlos de la Râpita, laissant les îles à la merci des Anglais dont les relations avec l'Espagne n'étaient rien moins que cordiales. La troupe abandonna le général aussitôt qu'elle sut ce qu'on lui demandait, le prétendant Duc de Montemolin s'enfuit ridiculement dans une tartane, devenue célèbre, et tout ce qui commença par une trahison sans exemple et un cri d'indignation de l'Espagne finit par une exécution et un éclat de rire.

Le carlisme était mort avec le général Ortega et emporté loin dans la carriole du prétendant.

(1) Servile en 1810, absolutiste en 1814, royaliste en 1820, apostolique en 1823, il devint carliste en 1825.

Voici le passé du carlisme. Quel est son programme aujourd'hui ? Accepte-t-il la participation de la nation dans la gestion de ses affaires, comme Louis XVIII, Charles X, don Carlos Ier, même, en 1820 ? Non ! il promet, et moins formellement qu'il le promettait par la bouche de Ferdinand VII, — qui manqua à sa promesse — une espèce de Cortès, pas même les anciennes, un *estamento de procéres*, un conseil d'évêques et grands dignitaires qui seraient au besoin consultés par la couronne..... Eh bien ! croit-on après soixante ans, que l'Espagne a pris possession de ses droits, pouvoir la livrer à un homme qui aurait pour tout guide un conseil qui déciderait canoniquement les affaires d'Etat ? Les carlistes Espagnols ne l'espèrent pas et les vôtres sont bien niais, s'ils croient qu'une chose qui indignait M. de Chateaubriand et M. de Villèle complices et qui soulèverait le plus ultra-royaliste des Français, pourrait se faire en Espagne, grâce à quatre montagnards têtus et aux quatre sous que vous leur donnez pour acheter du pétrôle.

En admettant que les nations reviennent en arrière, ce qui est aussi peu probable des nations que des hommes, si on parvenait à ramener l'Espagne au point où elle était avant 1810, on n'aurait que le triste avantage de la mettre dans la nécessité de recommencer, avec cette différence essentielle, qu'avant l'établissement des libertés publiques, il pouvait y avoir pouvoir absolu sans violence, mais que les libertés publiques ayant poussé de profondes racines dans le sol, grâce au temps et au sang qui l'ont arrosé, les bourreaux de 1823 ne suffiraient pas pour les arracher.

Rassurez-vous, Madame, et que les conservateurs se rassurent. La constitution que Don Carlos combat a inspiré à une auguste victime, au malheureux empereur Maximilien, ces nobles pensées. « La constitution, — dit-il, — cet épouvantail si redouté, n'est autre chose que la répartition d'un poids, et par suite, le rétablissement de l'équilibre ; mais elle est, en même temps un contrôle ; ce contrôle, l'honnête homme n'a pas à le craindre. On dit qu'elle est une lutte perpétuelle entre gouvernants et gouvernés !... Ceux qui tiennent ce langage, n'envisagent pas la chose de bonne foi ; la constitution est un lien entre les deux, et quand bien même elle serait une lutte, on ne doit pas oublier que la lutte c'est la vie. Toute nouveauté étonne, mais ce ne sont que les faibles qui s'en effrayent. »

Je m'aperçois que je plaide ici une cause gagnée par les peuples il y a longtemps. Cela vous prouve l'étrange terrain choisi par le carlisme, anachronisme vivant qui s'obstine à parler un langage suranné que vous-même ne comprendriez pas malgré la bonne volonté que vous pourriez y apporter. Dans la généralité cela va très-bien, Dieu méconnu, société menacée, révolution à vaincre, droit et justice à faire triompher..... Mots creux que tous les partis peuvent employer : mais dites-leur de préciser, de descendre au terrain pratique ; de vous faire un croquis de l'Espagne, telle qu'ils la rêvent et vous rirez et frémirez en même temps en regardant la lugubre mascarade.

Pour prouver aux conservateurs français que l'Espagne *toute* est réfractaire au carlisme, je lui ferai remarquer ceci :

Dans un moment de crise épouvantable où l'armée indisciplinée, sans chefs, errait dispersée, où chaque province, chaque ville, chaque faubourg, chaque quartier, avait un gouvernement indépendant des autres, où nos principales cités tombées au pouvoir de la démagogie étaient en flammes, où nos vaisseaux suivaient à la remorque loin de nos ports le pavillon étranger, dans ce moment de danger, d'angoisse suprême, un général Espagnol, Russe, Cochinchinois, qui se serait présenté à la tête de 20,000 hommes disciplinés, aurait été reçu avec transport comme un secours providentiel. Eh bien ! un prince Bourbon les avait. Qui tourna les yeux vers lui? qui le regarda autrement que comme on regarde le plus grand fléau qui peut nous menacer ? Fit-il un pas vers Madrid, alors qu'il n'aurait trouvé sur sa route que des gens consternés, ou des fous furieux, courant sans but ni direction? Faudra-t-il conclure que l'Espagne entière est communarde ?

Don Carlos peut se vanter d'avoir hâté la solution. Prise entre deux feux, entre les cantonalistes de la Navarre et ceux de Carthagêne, l'Espagne eut le courage d'élever la voix, secouant son apathie politique, seule et unique cause de tous ses maux, et imposa sa volonté. Elle appela la restauration qui était dans tous les cœurs, dans toutes les consciences, et Alphonse XII vînt la secourir et la sauver. Elle est sauvée, car la rébellion carliste n'est plus un danger, elle n'est qu'une sanglante tracasserie.

La révolution n'est dangereuse qu'en raison de la résistance que l'injustice lui oppose, mais conduite par la bonne foi, quel danger offre-t-elle ? Soyez franchement constitutionnels, ne *conspirez* pas, et si la société est votre *seule* préoccupation, vous la sauverez. Ne venez-vous pas de faire triompher le principe conservateur en prévenant le danger qui, à votre avis, menaçait la France sous la présidence de M. Thiers ?

N'avez-vous pas fait triompher le principe ultramontain même? Croyez-vous qu'un décret accompagné de 10,000 déportations, un ukase, un lit de justice, vous aurait servi mieux ? Pourquoi anéantir une arme qui vous a si bien servi ? Ah ! c'est que cette arme en peut être maniée que par des mains loyales, qu'elle peut faire vaincre la raison, non l'intrigue, que, puissante dans les mains du soldat de la justice, elle blesse celles du factieux qui s'en sert.

Un seul mot pour finir. Si Alphonse XII est le roi de la révolution, le pays est avec lui. Tous les gouvernements de l'Europe, le chef de l'Eglise, toute la haute aristocratie espagnole, toute la noblesse, le clergé éclairé, l'armée, la bourgeoisie, le commerce, la banque, les lettres, les arts et les sciences ; voilà pas mal de démagogues que, vous en conviendrez, on aurait bien de la peine à anéantir.

En Espagne, personne n'est carliste, car les alliés d'un jour, fatigués de demander inutilement aux portes des couvents abandonnés, la soupe traditionnelle, se sont mis à demander le partage.

Cessez donc de confondre les mots, de juger d'un pays par ce qui arrive dans un autre, cessez de voir dans le carlisme autre chose qu'une simple rébellion, une grande exploitation politique, dans le genre des fameux galions de Vigo, fondée sous la raison sociale : Don Carlos et *Compagnie.*

Le dernier point de la propagande est trop scabreux étant donné le pays où j'écris ; une juste réserve m'est imposée. Glissons donc sans y appuyer.

Madame, les sentiments de l'Espagne envers votre pays ont toujours été plus que bienveillants. L'Espagne a prouvé toujours qu'elle fait plus qu'estimer la France, qu'elle l'aime. Vos injustes agressions ont changé parfois ce sentiment en haine profonde, mais cette haine n'a jamais eu de lendemain. Le duc d'Angoulême, en entrant à Madrid, ne trouva d'autre souvenir du 2 mai 1808 qu'un monument funèbre. Rappelez-vous la guerre de succession. L'Espagne se dépouilla à cette occasion de tout ce qui lui restait de sa grandeur, se ruina, tomba où elle est maintenant pour suivre dans le malheur son ennemi de la veille.

Demandez à Philippe d'Anjou, au duc de Vendôme, si les soldats de Pavie se souvenaient de Rocroy, alors même que Marlborough, les vengeait de cette journée funeste. Il y avait plus que de la politique — elle aurait été bien imprévoyante — dans cette alliance avec un ennemi dont l'étoile pâlissait. Convenez que celle-là peut s'appeler amitié, qui résiste aux suites prospères ou funestes du combat, qui survit au bonheur.

Nous nous sommes battus, et beaucoup, avec des chances contraires, mais nous vous aimons toujours ; avez-vous payé de retour? Nous sommes forcés d'en douter. Sans aller plus loin, au premier cri de vive Carlos VII, poussé par le cantonalisme Basque, l'ombre du Duc d'Angoulême, fidèle à la tradition, est venue se poster sur le sommet Pyrénéen ; vous ne le nierez pas, Madame, vous qui ne faisiez pas, qui ne faites aujourd'hui encore, un mystère de l'appui moral et matériel apporté par les vôtres à la cause carliste ; vous qui achetiez les chevaux, les armes : vous qui avez vu le prétendant habituer son coursier au bruit des armes dans vos promenades, qui assistiez aux besamanos donnés dans un établissement presque public par la *Reine* d'Espagne, qui avez vu des amiraux *in partibus infidelium*, venir en uniforme et en plein jour, en mission auprès de cette même princesse ; qui avez vu des chefs de l'insurrection avec leurs états-majors faire de la ligne de Bayonne à Cette une route stratégique, qu'ils franchissaient avec armes et chevaux et presque en uniforme ; qui avez entendu en plein conseil général, protester du qualificatif d'insurrection donné au carlisme, reconnaissant ainsi d'une manière presque officielle sa belligérance et la justice de sa cause; qui avez ri en apprenant qu'un employé subalterne, poussé par un zèle intempestif, avait saisi une caisse de gibernes ou de vestes destinée aux carlistes, vous vantant d'avoir fait passer dans le même jour une batterie sous le nez des *troupes révolutionnaires* !....

Tout celà, le peuple Espagnol le voit, le sait et il en conclut que la France comme en 1808 en veut à sa liberté et à son indépendance; que, comme en 1823, elle la veut esclave du jésuitisme; que comme en 1836, elle est complice ou impuissante contre ce même parti.

Dernièrement à Pau, un journal, rendant compte de la distribution des prix au Sacré-Cœur, disait, « que Sa Majesté la Reine d'Espagne présidait la cérémonie, accompagnée du prince des Asturies. S. M. et A. R. occupaient un trône devant lequel défilèrent les élèves et leur famille, se prosternant et baisant leurs augustes mains ». Après cela, le même journal dénonçait une lettre sympathique du vrai Roi d'Espagne à l'Empereur d'Allemagne...............

Je ne vous prends pas pour juge, Madame. La raison, la vérité, la justice ne sont rien pour les gens qui vous inspirent. J'en appelle à la France, que le machiavélisme d'une coterie ne pourra jamais nous rendre odieuse.....

L'attitude du gouvernement Français toute amicale, les adieux sympathiques de Paris, Lyon et Marseille à notre jeune roi, nous ont montré quels sont les vrais sentiments envers nous; des voix puissantes se sont levées de ce côté-ci des Pyrénées pour flétrir l'agression dont nous sommes victimes. Si le peuple qui réfléchit peu, s'obstine à confondre le pays dans la juste haine qu'un parti lui inspire, nous saurons lui dire : Ces gens-là ne sont pas la France, ne t'étonne pas s'ils aiguisent le glaive du carlisme contre toi; ils ont aiguisé jadis les lances cosaques contre leur pays.

Je vous ai montré, Madame, l'injustice de votre attitude envers le régime constitutionnel espagnol. Etes-vous sûre au moins d'un résultat pratique? Car, alors, connaissant la maxime des vôtres *finis coronat opus,* elle serait excusable, votre injustice. « Dieu connaîtra les siens», disait l'abbé de Citeaux, en ordonnant le massacre des chrétiens, en vue de l'anéantissement des hérétiques albigeois Vous pourriez aussi mitrailler les chrétiens, brûler les églises, plonger dans le deuil des milliers de mères, pousser l'Espagne dans des alliances fatales pour tous, si par ce chemin de sang et de larmes ouvert par l'injustice, vous pouviez parvenir à un résultat pratique. Mais voilà que votre petit essai de despotisme théocratique en plein XIXe siècle, que vous voulez essayer *in anima vili,* est sur le point d'échouer? Que dis-je, a échoué complètement, et vous en êtes pour vos frais de dentelles, loteries, quêtes, pupazzi, souscriptions à la *Sainte-Œuvre,* tout l'arsenal enfin, de vos petites infamies. De tout cela il ne restera bientôt que quelques généraux et officiers de plus dans l'armée espagnole, quelques villages de moins, un prince dont le nom sera livré par l'histoire à l'indignation des âges futurs et quelques obscurs fanatiques qui continueront, comme par le passé, à annoncer pour le premier de chaque année, le premier besa manos tenu à Madrid par S. M. Don Carlos VIII, IX, X. . . . . . . . . .

S'il était permis de badiner sur un sujet qui coûte tant de larmes, je vous rappellerais un homme qui trouvait fort simple la science astronomique.

Les éclipses, disait-il, pour savoir quand elles auront lieu, vous n'avez qu'à consulter l'almanach. Et bien, Madame, ma science de devin n'est autre que la faculté de lire dans l'histoire. Etant donné telle situation politique, quelle doit être son dénoûment ? Prenez dix, cent situations pareilles dans le temps passé, et toutes vous donneront exactement la même solution. Ce qui s'applique à la généralité des faits, est plus précis, plus frappant dans le cas présent. Changez le nom de Zumalacarregui par celui de Dorregaray, Morriones par celui de Narvaëz, etc., réimprimez l'histoire de l'insurrection passée, et vous aurez toute prête celle de la présente, avec cette différence que soit le manque de certains éléments, soit l'influence de la vapeur et de l'électricité dans la vie moderne, les faits se précipitent, se condensent pour ainsi dire, et, ce qui est plus essentiel, que ces faits comme les hommes se rapetissent.

En effet, dans les deux campagnes on bloque et débloque Bilbao : on quitte Estella pour les Encartacionès qu'on abandonne pour revenir à Estella. . . . . On attaque les mêmes positions, on brûle les mêmes villages : sanglante toile de Pénélope qu'on tisse dans l'espoir d'en faire une pourpre royale et qui n'est bonne qu'à faire le linceul d'une nation.

Les mêmes symptômes qui précédèrent alors sa fin se sont déclarés — seulement plus tôt, — c'est-à-dire l'antagonisme entre la *camarilla*, les fanatiques qui veulent tout ou rien, et les hommes d'action, ceux qui combattent, plus à même de juger les chances et à qui le métier des armes donne la franchise et la loyauté pour reconnaître leur impuissance.

Nous serions à Vergara si le gouvernement du roi, écho de l'opinion publique, n'hésitait à accepter les bases d'un convenio, convenio qui ne garantirait pas l'Espagne contre un nouveau soulèvement, qui grêverait le trésor avec les emprunts faits par les carlistes sous la garantie des provinces, et qui jetterait un millier d'officiers et de généraux, plus ou moins capables, dans les cadres déjà si chargés de l'armée, rendant impossible tout avancement.

Le carlisme prolongera son agonie, mais c'est tout ce qu'il peut faire, et c'est beaucoup malheureusement.

Vous me demanderez, Madame, comment, avec les éléments qui combattent pour lui, Don Alphonse ne vient pas plus tôt à bout de son ennemi. Demandez aux hommes du métier qui vous diront que quatre mille montagnards courageux, bons tireurs et chez eux, peuvent défendre une position formidable, presque impunément, contre dix et quinze mille hommes, surtout quand les assaillants n'attendent d'un sanglant effort que le stérile avantage de faire changer l'ennemi de position. Quand il le faut comme à Monte Avanto pour délivrer Bilbao, on peut imposer à l'armée le sacrifice d'un tiers de l'effectif; mais pour faire aller l'ennemi d'une gorge à une autre on fait bien de ménager le sang. Cela explique l'inaction des armées. Ces mêmes montagnards connaissant le pays, avec des intelligences partout, pourront surprendre un détachement, un poste, une force mal engagée, faire une descente dans une ville ouverte et la piller, (je veux dire l'imposer), pourront envoyer des projectiles, plus tapageurs que méchants, dans St-Sébastien, mais voilà tout. D'abord, les Basques qui combattent pour l'indépendance de leur pays, se soucient peu de quitter les montagnes pour aller faire la guerre ailleurs, et quand même ils se décideraient à sortir, ces troupes qui, quoiqu'on vous dise, manquent d'organisation, ne pourraient tenir devant une armée régulière. Je sais que ne pas ménager sa vie ni celle de son ennemi est la principale qualité du soldat, et cette qualité les Basques l'ont : mais aujourd'hui la guerre exige d'autres éléments que le courage personnel ; défendre une gorge est plus facile qu'assiéger une citadelle, et il y en a beaucoup en Espagne. Qu'ont-ils fait jusqu'à présent ? Ont-ils pris Bilbao, maintenu le blocus de Pampelune, pris Pujerda, gardé la Seo de Urgel? Non, Madame, et, croyez-moi, ils ne le feront jamais : ils le savent bien et voilà de quoi je leur fais un crime. Ils continueront, tant qu'il le faudra, à bombarder des villes à leur portée, à égorger des miquelets surpris, à fusiller des ôtages, à faire quelques excursions au pied des montagnes, d'où ils retourneront dans leurs repaires chargés de butin ; mais tous ces crimes, plutôt que faits d'armes, n'avanceront pas leurs affaires.

On peut vous annoncer le commencement de vastes opérations..... Croyez-moi, Madame, c'est pour faire prendre patience aux fournisseurs de Bayonne et encourager les actionnaires et donateurs. L'opération n'aura d'autre résultat pratique qu'une pelletée de terre jetée sur le cadavre d'un soldat, une larme de sa mère là-bas, très-loin, et un coupon de plus de la dette, en souffrance.

La question carliste, aujourd'hui, se réduit à une prétention dont la seule émission est un outrage à la nation : établir l'indépendance Basque sur les ruines de l'Espagne ; le Basque conquerrait l'Espagne et la donnerait au duc de Madrid, en échange de la ratification par celui-ci, du traité par lequel les provinces jouissent d'une autonomie complète.

Et ces gens qui se font une gloire d'ignorer la langue Castillane, promèneraient le berret rouge, bonnet phrygien, symbole de leur indépendance, par la péninsule ? Mais ils sont fous !... et l'armée congédiée aux termes des fueros, après la victoire, que ferait-il ce prince coiffé du berret haï, seul, au centre d'un peuple qui l'exècre, bégayant la langue apprise à Guipuscoa ?

Non ; je ne m'arrête pas à la pensée d'un triomphe possible ; l'absurde ne peut pas servir de base à un raisonnement ; une crise déplorable a ravivé le reptile qui, depuis 1810, vit roulé au pied de l'Espagne ; le peuple Basque a été entraîné dans la lutte, mais, dès les premiers jours, le fanatisme et l'ambition ont suppléé à la conviction. Personne ne croit possible le triomphe — car je ne crois pas la niaiserie portée à un tel point — mais Don Carlos se plaît au rôle de monarque et il lui en coûte de quitter sa cour de Estella, pour une chambre d'hôtel en Suisse : ceux qui se sont fait une position dans son armée, voudraient qu'un convenio la leur assure, et les soldats vivent bien sous le régime militaire : manger, ne rien faire, que courir la montagne, le fusil sur l'épaule; se battre un peu contre les *guiris* (1) exécrés dans la contrée, c'est une existence agréable. Voilà le secret de la durée de la guerre.

(1) Les Basques appellent ainsi par mépris les soldats Espagnols.

Si vos principes, si vos intérêts ne vous appellent pas à cette boucherie stérile, que ne les quittez-vous, Madame? Il me semble vous voir avec une toilette de printemps, sautillant entre les rigoles de sang; vos petites bottines en sont éclaboussées; vous relevez un peu vos amples jupes pour les préserver et reculez en poussant de petits — j'allais dire joyeux — cris chaque fois que le flot monte.....

Ah! Madame, je ne vous parle pas au nom d'une nation sûre d'elle-même, d'un roi préféré, fort de son droit et de l'amour de son peuple, qui sait que son ennemi est condamné à mourir asphixié dans les miasmes de son saint abattoir; je vous parle au nom de cent mères aussi chrétiennes, aussi pieuses que vous, qui se traînent à genoux dans les sanctuaires demandant à Marie protection pour leurs enfants, que le devoir appelle du foyer aux traquenards de la Navarre; au nom de cette mère qui se tord dans le désespoir, folle de douleur, en apprenant la mort de l'être chéri; de ces mêmes familles Basques, plus mal conseillées que coupables qui errent sans but, tournant les yeux rougis vers un monceau de ruines qui fument là-bas, très loin, où fut jadis une chaumière heureuse.....

Pensez à elles dans le silence de la nuit, et après, prosternée devant le Christ de votre prie-dieu, demandez-lui un conseil. Je confie mon pauvre pays à sa justice, à Lui qui ôtait le fer des mains de Pierre, disant : « Celui qui tue par le glaive, périt par le glaive ». Il n'abandonnera pas un pays qui croit en Lui, qui adore en Lui, qui espère en Lui. Mais s'Il vous dit que les incendiaires de Cuenca sont ses soldats, alors.... Non, Il ne le dira pas, Madame, Il les maudit comme nous les maudissons, comme l'Europe les a maudits, comme vous, si votre bon cœur pouvait vaincre les préjugés, les maudiriez.

## POST SCRIPTUM.

La lettre de Don Carlos au roi d'Espagne que les journaux français ont reproduite, vient corroborer mes prévisions d'une prompte solution Ce document n'est qu'une simple palinodie, une manière adroite et honnête de proposer la paix, car la possibilité d'un conflit avec les Eats-Unis n'est nullement démontrée, et en outre le carlisme a prouvé à San-Carlos de la Ràpita quel est son véritable patriotisme.

Don Carlos profite de l'occasion pour mettre l'insurrection de Cuba sous le compte de la révolution, oubliant qu'un roi absolu perdit le Mexique et d'autres colonies, que l'Angleterre perdit les Etats-Unis et le Portugal, le Brésil, sans attribuer ces pertes à *ce polisson* de Voltaire. Don Carlos se trompe; ce philosophe n'entre pour rien dans les théories de Monroe.

Mais laissant de côté l'importante question de Cuba, revenons à ceci. Les bases proposées par le prétendant ne peuvent pas être acceptées, car ce serait reconnaître sa belligérence. Or, de deux choses l'une : ou guidé par un véritable patriotisme, Don Carlos cède, et alors l'histoire lui en tiendra compte ; ou il persiste, dans lequel cas j'aurais eu raison de dire qu'il a voulu profiter d'un malheur du pays pour se retirer honorablement de la lutte.

Dans la prévision de la seconde hypothèse, je maintiens ma lettre, — qui peut servir du reste pour l'avenir, — afin d'incliner votre opinion du côté de la paix. Si l'agonie du carlisme se prolonge, elle ne manquera de faire de nouvelles victimes. C'est à vous, Madame, qui avez encouragé l'insurrection, de la presser d'en finir, sinon persuadée de son injustice, convaincue au moins de son impuissance.

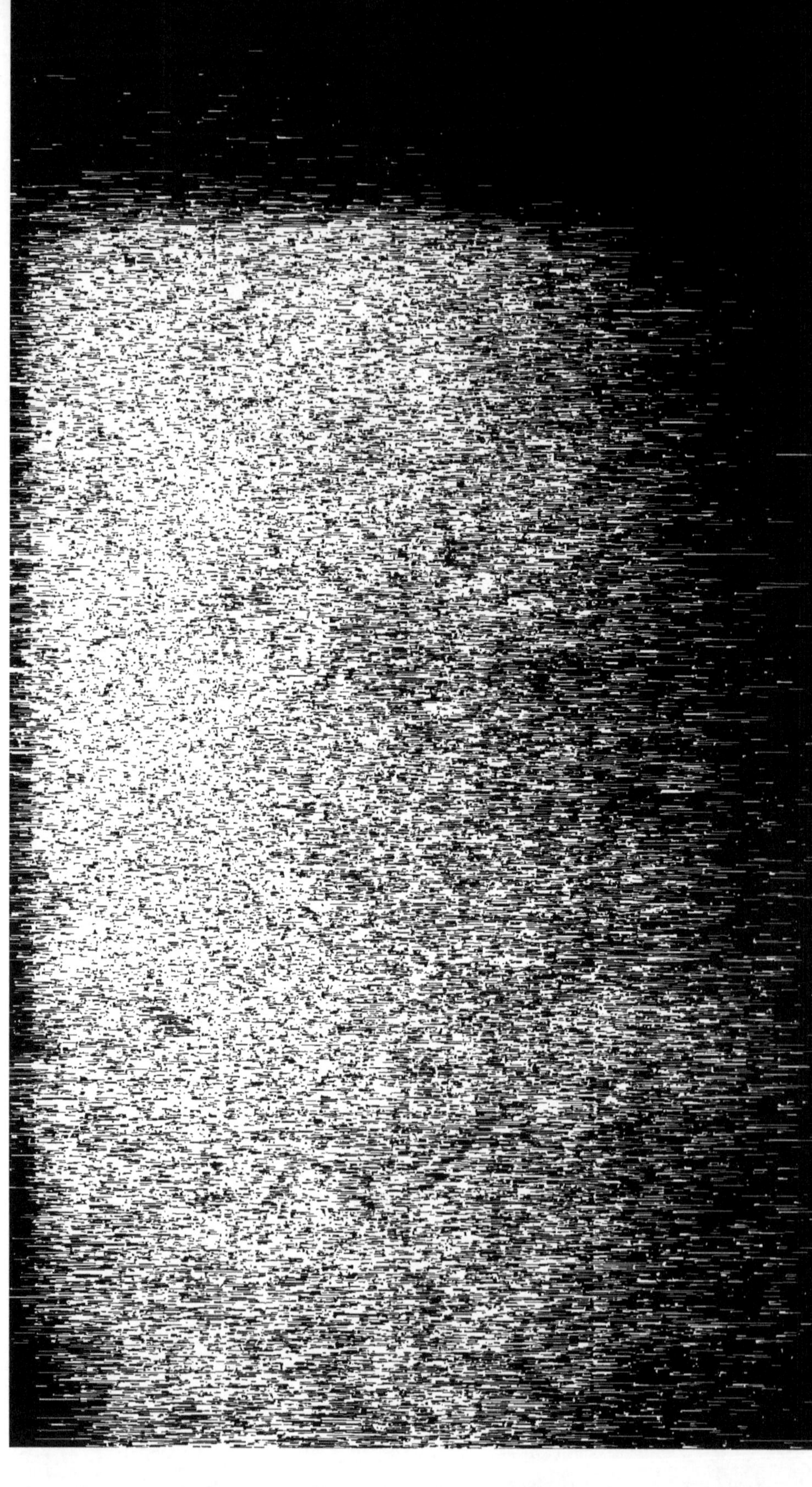

www.ingramcontent.com/pod-product-compliance
Ingram Content Group UK Ltd.
Pitfield, Milton Keynes, MK11 3LW, UK
UKHW022148190726
13855UKWH00004B/1383